Password Logbook

Artwork by: Nevarpp

This Book Belongs To

WEBSITE_______________________________
USERNAME_____________________________
PASSWORD_____________________________
NOTES_________________________________

____

____

WEBSITE_______________________________
USERNAME_____________________________
PASSWORD_____________________________
NOTES_________________________________

____

____

WEBSITE_______________________________
USERNAME_____________________________
PASSWORD_____________________________
NOTES_________________________________

____

____

WEBSITE_______________________________

USERNAME_______________________________

PASSWORD_______________________________

NOTES_______________________________

____

____

WEBSITE_______________________________

USERNAME_______________________________

PASSWORD_______________________________

NOTES_______________________________

____

____

WEBSITE_______________________________

USERNAME_______________________________

PASSWORD_______________________________

NOTES_______________________________

____

____

WEBSITE_______________________________

USERNAME_____________________________

PASSWORD_____________________________

NOTES_________________________________

____

____

WEBSITE_______________________________

USERNAME_____________________________

PASSWORD_____________________________

NOTES_________________________________

____

____

WEBSITE_______________________________

USERNAME_____________________________

PASSWORD_____________________________

NOTES_________________________________

____

____

WEBSITE_______________________________
USERNAME_____________________________
PASSWORD_____________________________
NOTES_________________________________

____

____

WEBSITE_______________________________
USERNAME_____________________________
PASSWORD_____________________________
NOTES_________________________________

____

____

WEBSITE_______________________________
USERNAME_____________________________
PASSWORD_____________________________
NOTES_________________________________

____

____

WEBSITE_______________________________________

USERNAME_____________________________________

PASSWORD_____________________________________

NOTES____

____

____

WEBSITE_______________________________________

USERNAME_____________________________________

PASSWORD_____________________________________

NOTES____

____

____

WEBSITE_______________________________________

USERNAME_____________________________________

PASSWORD_____________________________________

NOTES____

____

____

WEBSITE____

USERNAME____

PASSWORD____

NOTES____

____

____

WEBSITE____

USERNAME____

PASSWORD____

NOTES____

____

____

WEBSITE____

USERNAME____

PASSWORD____

NOTES____

____

____

B

WEBSITE_______________________________________

USERNAME______________________________________

PASSWORD______________________________________

NOTES____

____

____

WEBSITE_______________________________________

USERNAME______________________________________

PASSWORD______________________________________

NOTES____

____

____

WEBSITE_______________________________________

USERNAME______________________________________

PASSWORD______________________________________

NOTES____

____

____

WEBSITE_______________________________

USERNAME_____________________________

PASSWORD_____________________________

NOTES________________________________

____

____

WEBSITE_______________________________

USERNAME_____________________________

PASSWORD_____________________________

NOTES________________________________

____

____

WEBSITE_______________________________

USERNAME_____________________________

PASSWORD_____________________________

NOTES________________________________

____

____

WEBSITE_________________________________

USERNAME_________________________________

PASSWORD_________________________________

NOTES_________________________________

____

____

WEBSITE_________________________________

USERNAME_________________________________

PASSWORD_________________________________

NOTES_________________________________

____

____

WEBSITE_________________________________

USERNAME_________________________________

PASSWORD_________________________________

NOTES_________________________________

____

____

WEBSITE_______________________________

USERNAME_____________________________

PASSWORD_____________________________

NOTES________________________________

____

____

WEBSITE_______________________________

USERNAME_____________________________

PASSWORD_____________________________

NOTES________________________________

____

____

WEBSITE_______________________________

USERNAME_____________________________

PASSWORD_____________________________

NOTES________________________________

____

____

WEBSITE_______________________________

USERNAME_____________________________

PASSWORD_____________________________

NOTES_________________________________

____

____

WEBSITE_______________________________

USERNAME_____________________________

PASSWORD_____________________________

NOTES_________________________________

____

____

WEBSITE_______________________________

USERNAME_____________________________

PASSWORD_____________________________

NOTES_________________________________

____

____

WEBSITE________________________________

USERNAME________________________________

PASSWORD________________________________

NOTES________________________________

____

____

WEBSITE________________________________

USERNAME________________________________

PASSWORD________________________________

NOTES________________________________

____

____

WEBSITE________________________________

USERNAME________________________________

PASSWORD________________________________

NOTES________________________________

____

____

D

WEBSITE_________________________________

USERNAME_______________________________

PASSWORD_______________________________

NOTES__________________________________

____

____

WEBSITE_________________________________

USERNAME_______________________________

PASSWORD_______________________________

NOTES__________________________________

____

____

WEBSITE_________________________________

USERNAME_______________________________

PASSWORD_______________________________

NOTES__________________________________

____

____

WEBSITE____

USERNAME____________________________________

PASSWORD____________________________________

NOTES____

____

____

WEBSITE_______________________________________

USERNAME____________________________________

PASSWORD____________________________________

NOTES____

____

____

WEBSITE_______________________________________

USERNAME____________________________________

PASSWORD____________________________________

NOTES____

____

WEBSITE______________________________________

USERNAME____________________________________

PASSWORD____________________________________

NOTES_______________________________________

____

____

WEBSITE______________________________________

USERNAME____________________________________

PASSWORD____________________________________

NOTES_______________________________________

____

____

WEBSITE______________________________________

USERNAME____________________________________

PASSWORD____________________________________

NOTES_______________________________________

____

____

WEBSITE____________________________

USERNAME________________________

PASSWORD________________________

NOTES____________________________

____

____

WEBSITE____________________________

USERNAME________________________

PASSWORD________________________

NOTES____________________________

____

____

WEBSITE____________________________

USERNAME________________________

PASSWORD________________________

NOTES____________________________

____

WEBSITE_______________________________

USERNAME_____________________________

PASSWORD_____________________________

NOTES_________________________________

____

____

WEBSITE_______________________________

USERNAME_____________________________

PASSWORD_____________________________

NOTES_________________________________

____

____

WEBSITE_______________________________

USERNAME_____________________________

PASSWORD_____________________________

NOTES_________________________________

____

____

WEBSITE____
USERNAME____________________________________
PASSWORD____________________________________
NOTES_______________________________________

____

____

WEBSITE_______________________________________
USERNAME____________________________________
PASSWORD____________________________________
NOTES_______________________________________

____

____

WEBSITE_______________________________________
USERNAME____________________________________
PASSWORD____________________________________
NOTES_______________________________________

____

WEBSITE_______________________________
USERNAME_____________________________
PASSWORD_____________________________
NOTES________________________________

____

____

WEBSITE_______________________________
USERNAME_____________________________
PASSWORD_____________________________
NOTES________________________________

____

____

WEBSITE_______________________________
USERNAME_____________________________
PASSWORD_____________________________
NOTES________________________________

____

____

WEBSITE____

USERNAME____

PASSWORD____

NOTES____

____

____

WEBSITE____

USERNAME____

PASSWORD____

NOTES____

____

____

WEBSITE____

USERNAME____

PASSWORD____

NOTES____

____

____

WEBSITE_______________________________

USERNAME_____________________________

PASSWORD_____________________________

NOTES_________________________________

____

____

WEBSITE_______________________________

USERNAME_____________________________

PASSWORD_____________________________

NOTES_________________________________

____

____

WEBSITE_______________________________

USERNAME_____________________________

PASSWORD_____________________________

NOTES_________________________________

____

____

WEBSITE_______________________________

USERNAME_____________________________

PASSWORD_____________________________

NOTES________________________________

____

____

WEBSITE_______________________________

USERNAME_____________________________

PASSWORD_____________________________

NOTES________________________________

____

____

WEBSITE_______________________________

USERNAME_____________________________

PASSWORD_____________________________

NOTES________________________________

____

____

WEBSITE_______________________________
USERNAME_____________________________
PASSWORD_____________________________
NOTES_________________________________

____

____

WEBSITE_______________________________
USERNAME_____________________________
PASSWORD_____________________________
NOTES_________________________________

____

____

WEBSITE_______________________________
USERNAME_____________________________
PASSWORD_____________________________
NOTES_________________________________

____

____

WEBSITE____

USERNAME___________________________________

PASSWORD___________________________________

NOTES_______________________________________

____

____

WEBSITE____

USERNAME___________________________________

PASSWORD___________________________________

NOTES_______________________________________

____

____

WEBSITE____

USERNAME___________________________________

PASSWORD___________________________________

NOTES_______________________________________

____

____

WEBSITE_______________________________
USERNAME_____________________________
PASSWORD_____________________________
NOTES_________________________________

____

____

WEBSITE_______________________________
USERNAME_____________________________
PASSWORD_____________________________
NOTES_________________________________

____

____

WEBSITE_______________________________
USERNAME_____________________________
PASSWORD_____________________________
NOTES_________________________________

____

____

WEBSITE____

USERNAME____

PASSWORD____

NOTES____

____

____

WEBSITE____

USERNAME____

PASSWORD____

NOTES____

____

____

WEBSITE____

USERNAME____

PASSWORD____

NOTES____

____

WEBSITE_______________________

USERNAME_______________________

PASSWORD_______________________

NOTES_______________________

____

____

WEBSITE_______________________

USERNAME_______________________

PASSWORD_______________________

NOTES_______________________

____

____

WEBSITE_______________________

USERNAME_______________________

PASSWORD_______________________

NOTES_______________________

____

____

WEBSITE____

USERNAME______________________________________

PASSWORD______________________________________

NOTES____

____

____

WEBSITE____

USERNAME______________________________________

PASSWORD______________________________________

NOTES____

____

____

WEBSITE____

USERNAME______________________________________

PASSWORD______________________________________

NOTES____

____

____

WEBSITE_______________________________
USERNAME_____________________________
PASSWORD_____________________________
NOTES________________________________

____

____

WEBSITE______________________________
USERNAME_____________________________
PASSWORD_____________________________
NOTES________________________________

____

____

WEBSITE______________________________
USERNAME_____________________________
PASSWORD_____________________________
NOTES________________________________

____

____

WEBSITE_______________________________________

USERNAME_____________________________________

PASSWORD_____________________________________

NOTES____

____

____

WEBSITE_______________________________________

USERNAME_____________________________________

PASSWORD_____________________________________

NOTES____

____

____

WEBSITE_______________________________________

USERNAME_____________________________________

PASSWORD_____________________________________

NOTES____

____

____

WEBSITE_________________________________

USERNAME_______________________________

PASSWORD_______________________________

NOTES___________________________________

____

____

WEBSITE_________________________________

USERNAME_______________________________

PASSWORD_______________________________

NOTES___________________________________

____

____

WEBSITE_________________________________

USERNAME_______________________________

PASSWORD_______________________________

NOTES___________________________________

____

WEBSITE_______________________________

USERNAME_____________________________

PASSWORD_____________________________

NOTES_________________________________

____

____

WEBSITE_______________________________

USERNAME_____________________________

PASSWORD_____________________________

NOTES_________________________________

____

____

WEBSITE_______________________________

USERNAME_____________________________

PASSWORD_____________________________

NOTES_________________________________

____

____

WEBSITE_______________________________

USERNAME_______________________________

PASSWORD_______________________________

NOTES_______________________________

____

____

WEBSITE_______________________________

USERNAME_______________________________

PASSWORD_______________________________

NOTES_______________________________

____

____

WEBSITE_______________________________

USERNAME_______________________________

PASSWORD_______________________________

NOTES_______________________________

____

WEBSITE_______________________________

USERNAME_____________________________

PASSWORD_____________________________

NOTES_________________________________

____

____

WEBSITE_______________________________

USERNAME_____________________________

PASSWORD_____________________________

NOTES_________________________________

____

____

WEBSITE_______________________________

USERNAME_____________________________

PASSWORD_____________________________

NOTES_________________________________

____

____

WEBSITE______________________________
USERNAME______________________________
PASSWORD______________________________
NOTES______________________________

____

____

WEBSITE______________________________
USERNAME______________________________
PASSWORD______________________________
NOTES______________________________

____

____

WEBSITE______________________________
USERNAME______________________________
PASSWORD______________________________
NOTES______________________________

____

____

WEBSITE_______________________________________

USERNAME____________________________________

PASSWORD____________________________________

NOTES____

____

____

WEBSITE_______________________________________

USERNAME____________________________________

PASSWORD____________________________________

NOTES____

____

____

WEBSITE_______________________________________

USERNAME____________________________________

PASSWORD____________________________________

NOTES____

____

____

J

WEBSITE____

USERNAME______________________________________

PASSWORD______________________________________

NOTES____

____

____

WEBSITE____

USERNAME______________________________________

PASSWORD______________________________________

NOTES____

____

____

WEBSITE____

USERNAME______________________________________

PASSWORD______________________________________

NOTES____

____

____

WEBSITE____

USERNAME____

PASSWORD____

NOTES____

____

____

WEBSITE____

USERNAME____

PASSWORD____

NOTES____

____

____

WEBSITE____

USERNAME____

PASSWORD____

NOTES____

____

J

WEBSITE____
USERNAME____
PASSWORD____
NOTES____

____

____

WEBSITE____
USERNAME____
PASSWORD____
NOTES____

____

____

WEBSITE____
USERNAME____
PASSWORD____
NOTES____

____

____

# J

WEBSITE______________________________

USERNAME______________________________

PASSWORD______________________________

NOTES______________________________

____

____

WEBSITE______________________________

USERNAME______________________________

PASSWORD______________________________

NOTES______________________________

____

____

WEBSITE______________________________

USERNAME______________________________

PASSWORD______________________________

NOTES______________________________

____

____

WEBSITE______________________________________

USERNAME_________________________________

PASSWORD__________________________________

NOTES_______________________________________

____

____

WEBSITE______________________________________

USERNAME_________________________________

PASSWORD__________________________________

NOTES_______________________________________

____

____

WEBSITE______________________________________

USERNAME_________________________________

PASSWORD__________________________________

NOTES_______________________________________

____

WEBSITE___________________________________

USERNAME_________________________________

PASSWORD_________________________________

NOTES____________________________________

____

____

WEBSITE___________________________________

USERNAME_________________________________

PASSWORD_________________________________

NOTES____________________________________

____

____

WEBSITE___________________________________

USERNAME_________________________________

PASSWORD_________________________________

NOTES____________________________________

____

____

WEBSITE_________________________________
USERNAME_________________________________
PASSWORD_________________________________
NOTES_________________________________

____

____

WEBSITE_________________________________
USERNAME_________________________________
PASSWORD_________________________________
NOTES_________________________________

____

____

WEBSITE_________________________________
USERNAME_________________________________
PASSWORD_________________________________
NOTES_________________________________

____

____

WEBSITE____

USERNAME____

PASSWORD____

NOTES____

____

____

WEBSITE____

USERNAME____

PASSWORD____

NOTES____

____

____

WEBSITE____

USERNAME____

PASSWORD____

NOTES____

____

____

WEBSITE_______________________
USERNAME_____________________
PASSWORD_____________________
NOTES________________________

____

____

WEBSITE_______________________
USERNAME_____________________
PASSWORD_____________________
NOTES________________________

____

____

WEBSITE_______________________
USERNAME_____________________
PASSWORD_____________________
NOTES________________________

____

____

WEBSITE____

USERNAME____

PASSWORD____

NOTES____

____

____

WEBSITE____

USERNAME____

PASSWORD____

NOTES____

____

____

WEBSITE____

USERNAME____

PASSWORD____

NOTES____

____

____

WEBSITE_________________________
USERNAME_______________________
PASSWORD_______________________
NOTES__________________________

____

____

WEBSITE_________________________
USERNAME_______________________
PASSWORD_______________________
NOTES__________________________

____

____

WEBSITE_________________________
USERNAME_______________________
PASSWORD_______________________
NOTES__________________________

____

____

WEBSITE______________________________

USERNAME______________________________

PASSWORD______________________________

NOTES______________________________

____

____

WEBSITE______________________________

USERNAME______________________________

PASSWORD______________________________

NOTES______________________________

____

____

WEBSITE______________________________

USERNAME______________________________

PASSWORD______________________________

NOTES______________________________

____

____

WEBSITE_______________________________
USERNAME_____________________________
PASSWORD_____________________________
NOTES________________________________

____

____

WEBSITE_______________________________
USERNAME_____________________________
PASSWORD_____________________________
NOTES________________________________

____

____

WEBSITE_______________________________
USERNAME_____________________________
PASSWORD_____________________________
NOTES________________________________

____

____

WEBSITE______________________________

USERNAME______________________________

PASSWORD______________________________

NOTES______________________________

____

____

WEBSITE______________________________

USERNAME______________________________

PASSWORD______________________________

NOTES______________________________

____

____

WEBSITE______________________________

USERNAME______________________________

PASSWORD______________________________

NOTES______________________________

____

____

WEBSITE_______________________________
USERNAME____________________________
PASSWORD____________________________
NOTES________________________________

____

____

WEBSITE_______________________________
USERNAME____________________________
PASSWORD____________________________
NOTES________________________________

____

____

WEBSITE_______________________________
USERNAME____________________________
PASSWORD____________________________
NOTES________________________________

____

WEBSITE_______________________________

USERNAME_____________________________

PASSWORD_____________________________

NOTES________________________________

____

____

WEBSITE_______________________________

USERNAME_____________________________

PASSWORD_____________________________

NOTES________________________________

____

____

WEBSITE_______________________________

USERNAME_____________________________

PASSWORD_____________________________

NOTES________________________________

____

____

WEBSITE_______________________

USERNAME_______________________

PASSWORD_______________________

NOTES_______________________

____

____

WEBSITE_______________________

USERNAME_______________________

PASSWORD_______________________

NOTES_______________________

____

____

WEBSITE_______________________

USERNAME_______________________

PASSWORD_______________________

NOTES_______________________

____

____

WEBSITE_______________________________
USERNAME_____________________________
PASSWORD_____________________________
NOTES________________________________

____

____

WEBSITE_______________________________
USERNAME_____________________________
PASSWORD_____________________________
NOTES________________________________

____

____

WEBSITE_______________________________
USERNAME_____________________________
PASSWORD_____________________________
NOTES________________________________

____

WEBSITE______________________________________
USERNAME____________________________________
PASSWORD____________________________________
NOTES____

____

____

WEBSITE______________________________________
USERNAME____________________________________
PASSWORD____________________________________
NOTES____

____

____

WEBSITE______________________________________
USERNAME____________________________________
PASSWORD____________________________________
NOTES____

____

____

WEBSITE______________________________________

USERNAME__________________________________

PASSWORD__________________________________

NOTES______________________________________

____

____

WEBSITE______________________________________

USERNAME__________________________________

PASSWORD__________________________________

NOTES______________________________________

____

____

WEBSITE______________________________________

USERNAME__________________________________

PASSWORD__________________________________

NOTES______________________________________

____

WEBSITE____________________________________

USERNAME_________________________________

PASSWORD_________________________________

NOTES_____________________________________

____

____

WEBSITE____________________________________

USERNAME_________________________________

PASSWORD_________________________________

NOTES_____________________________________

____

____

WEBSITE____________________________________

USERNAME_________________________________

PASSWORD_________________________________

NOTES_____________________________________

____

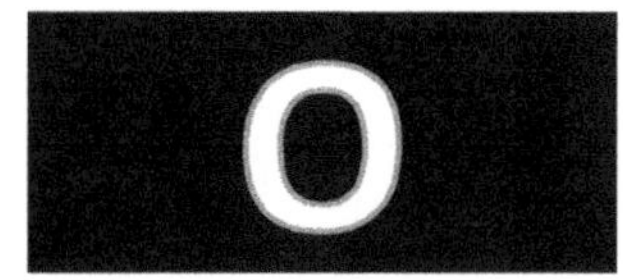

WEBSITE_______________________
USERNAME_______________________
PASSWORD_______________________
NOTES_______________________

____

____

WEBSITE_______________________
USERNAME_______________________
PASSWORD_______________________
NOTES_______________________

____

____

WEBSITE_______________________
USERNAME_______________________
PASSWORD_______________________
NOTES_______________________

____

____

WEBSITE____

USERNAME____

PASSWORD____

NOTES____

____

____

WEBSITE____

USERNAME____

PASSWORD____

NOTES____

____

____

WEBSITE____

USERNAME____

PASSWORD____

NOTES____

____

____

WEBSITE____

USERNAME____

PASSWORD____

NOTES____

____

____

WEBSITE____

USERNAME____

PASSWORD____

NOTES____

____

____

WEBSITE____

USERNAME____

PASSWORD____

NOTES____

____

____

WEBSITE____

USERNAME____

PASSWORD____

NOTES____

____

____

WEBSITE____

USERNAME____

PASSWORD____

NOTES____

____

____

WEBSITE____

USERNAME____

PASSWORD____

NOTES____

____

WEBSITE________________________________
USERNAME______________________________
PASSWORD______________________________
NOTES__________________________________

____

____

WEBSITE________________________________
USERNAME______________________________
PASSWORD______________________________
NOTES__________________________________

____

____

WEBSITE________________________________
USERNAME______________________________
PASSWORD______________________________
NOTES__________________________________

____

____

WEBSITE_______________________________________

USERNAME_____________________________________

PASSWORD_____________________________________

NOTES____

____

____

WEBSITE_______________________________________

USERNAME_____________________________________

PASSWORD_____________________________________

NOTES____

____

____

WEBSITE_______________________________________

USERNAME_____________________________________

PASSWORD_____________________________________

NOTES____

____

____

WEBSITE______________________________

USERNAME______________________________

PASSWORD______________________________

NOTES______________________________

____

____

WEBSITE______________________________

USERNAME______________________________

PASSWORD______________________________

NOTES______________________________

____

____

WEBSITE______________________________

USERNAME______________________________

PASSWORD______________________________

NOTES______________________________

____

____

WEBSITE______________________________________

USERNAME_________________________________

PASSWORD_________________________________

NOTES_____________________________________

____

____

WEBSITE______________________________________

USERNAME_________________________________

PASSWORD_________________________________

NOTES_____________________________________

____

____

WEBSITE______________________________________

USERNAME_________________________________

PASSWORD_________________________________

NOTES_____________________________________

____

WEBSITE_______________________________

USERNAME_____________________________

PASSWORD_____________________________

NOTES_________________________________

____

____

WEBSITE_______________________________

USERNAME_____________________________

PASSWORD_____________________________

NOTES_________________________________

____

____

WEBSITE_______________________________

USERNAME_____________________________

PASSWORD_____________________________

NOTES_________________________________

____

____

WEBSITE____________________
USERNAME__________________
PASSWORD___________________
NOTES______________________

____

____

WEBSITE____________________
USERNAME__________________
PASSWORD___________________
NOTES______________________

____

____

WEBSITE____________________
USERNAME__________________
PASSWORD___________________
NOTES______________________

____

____

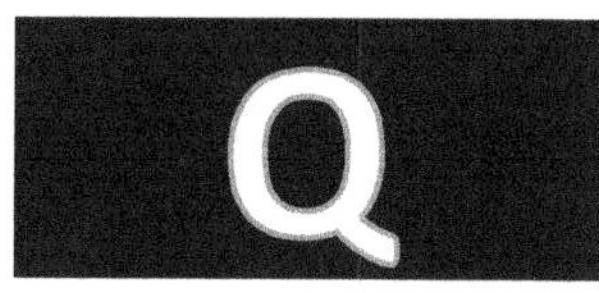

WEBSITE_______________________________

USERNAME_____________________________

PASSWORD_____________________________

NOTES_________________________________

____

____

WEBSITE_______________________________

USERNAME_____________________________

PASSWORD_____________________________

NOTES_________________________________

____

____

WEBSITE_______________________________

USERNAME_____________________________

PASSWORD_____________________________

NOTES_________________________________

____

WEBSITE_______________________________

USERNAME_____________________________

PASSWORD_____________________________

NOTES________________________________

____

____

WEBSITE_______________________________

USERNAME_____________________________

PASSWORD_____________________________

NOTES________________________________

____

____

WEBSITE_______________________________

USERNAME_____________________________

PASSWORD_____________________________

NOTES________________________________

____

____

WEBSITE_______________________________

USERNAME_____________________________

PASSWORD_____________________________

NOTES________________________________

____

____

WEBSITE_______________________________

USERNAME_____________________________

PASSWORD_____________________________

NOTES________________________________

____

____

WEBSITE_______________________________

USERNAME_____________________________

PASSWORD_____________________________

NOTES________________________________

____

____

WEBSITE______________________________
USERNAME______________________________
PASSWORD______________________________
NOTES______________________________

____

____

WEBSITE______________________________
USERNAME______________________________
PASSWORD______________________________
NOTES______________________________

____

____

WEBSITE______________________________
USERNAME______________________________
PASSWORD______________________________
NOTES______________________________

____

____

WEBSITE_______________________________

USERNAME_______________________________

PASSWORD_______________________________

NOTES_______________________________

____

____

WEBSITE_______________________________

USERNAME_______________________________

PASSWORD_______________________________

NOTES_______________________________

____

____

WEBSITE_______________________________

USERNAME_______________________________

PASSWORD_______________________________

NOTES_______________________________

____

____

S

WEBSITE_______________________________________
USERNAME_______________________________________
PASSWORD_______________________________________
NOTES_______________________________________

____

____

WEBSITE_______________________________________
USERNAME_______________________________________
PASSWORD_______________________________________
NOTES_______________________________________

____

____

WEBSITE_______________________________________
USERNAME_______________________________________
PASSWORD_______________________________________
NOTES_______________________________________

____

____

WEBSITE_______________________________

USERNAME_____________________________

PASSWORD_____________________________

NOTES_________________________________

____

____

WEBSITE_______________________________

USERNAME_____________________________

PASSWORD_____________________________

NOTES_________________________________

____

____

WEBSITE_______________________________

USERNAME_____________________________

PASSWORD_____________________________

NOTES_________________________________

____

____

WEBSITE_______________________________________

USERNAME_____________________________________

PASSWORD_____________________________________

NOTES____

____

____

WEBSITE_______________________________________

USERNAME_____________________________________

PASSWORD_____________________________________

NOTES____

____

____

WEBSITE_______________________________________

USERNAME_____________________________________

PASSWORD_____________________________________

NOTES____

____

____

WEBSITE_______________________________

USERNAME_____________________________

PASSWORD_____________________________

NOTES_________________________________

____

____

WEBSITE_______________________________

USERNAME_____________________________

PASSWORD_____________________________

NOTES_________________________________

____

____

WEBSITE_______________________________

USERNAME_____________________________

PASSWORD_____________________________

NOTES_________________________________

____

WEBSITE_______________________________

USERNAME_____________________________

PASSWORD_____________________________

NOTES_________________________________

____

____

WEBSITE_______________________________

USERNAME_____________________________

PASSWORD_____________________________

NOTES_________________________________

____

____

WEBSITE_______________________________

USERNAME_____________________________

PASSWORD_____________________________

NOTES_________________________________

____

____

WEBSITE_______________________________

USERNAME_____________________________

PASSWORD_____________________________

NOTES________________________________

____

____

WEBSITE_______________________________

USERNAME_____________________________

PASSWORD_____________________________

NOTES________________________________

____

____

WEBSITE_______________________________

USERNAME_____________________________

PASSWORD_____________________________

NOTES________________________________

____

____

WEBSITE_______________________________

USERNAME_____________________________

PASSWORD_____________________________

NOTES________________________________

____

____

WEBSITE_______________________________

USERNAME_____________________________

PASSWORD_____________________________

NOTES________________________________

____

____

WEBSITE_______________________________

USERNAME_____________________________

PASSWORD_____________________________

NOTES________________________________

____

____

WEBSITE______________________________________
USERNAME_________________________________
PASSWORD_________________________________
NOTES____________________________________

____

____

WEBSITE____________________________________
USERNAME_________________________________
PASSWORD_________________________________
NOTES____________________________________

____

____

WEBSITE____________________________________
USERNAME_________________________________
PASSWORD_________________________________
NOTES____________________________________

____

WEBSITE______________________________
USERNAME_____________________________
PASSWORD_____________________________
NOTES________________________________

____

____

WEBSITE______________________________
USERNAME_____________________________
PASSWORD_____________________________
NOTES________________________________

____

____

WEBSITE______________________________
USERNAME_____________________________
PASSWORD_____________________________
NOTES________________________________

____

____

WEBSITE______________________________

USERNAME______________________________

PASSWORD______________________________

NOTES______________________________

____

____

WEBSITE______________________________

USERNAME______________________________

PASSWORD______________________________

NOTES______________________________

____

____

WEBSITE______________________________

USERNAME______________________________

PASSWORD______________________________

NOTES______________________________

____

____

WEBSITE_______________________________

USERNAME_____________________________

PASSWORD_____________________________

NOTES________________________________

____

____

WEBSITE_______________________________

USERNAME_____________________________

PASSWORD_____________________________

NOTES________________________________

____

____

WEBSITE_______________________________

USERNAME_____________________________

PASSWORD_____________________________

NOTES________________________________

____

____

WEBSITE________________________________

USERNAME______________________________

PASSWORD______________________________

NOTES_________________________________

____

____

WEBSITE________________________________

USERNAME______________________________

PASSWORD______________________________

NOTES_________________________________

____

____

WEBSITE________________________________

USERNAME______________________________

PASSWORD______________________________

NOTES_________________________________

____

____

WEBSITE_______________________
USERNAME_______________________
PASSWORD_______________________
NOTES_______________________

____

____

WEBSITE_______________________
USERNAME_______________________
PASSWORD_______________________
NOTES_______________________

____

____

WEBSITE_______________________
USERNAME_______________________
PASSWORD_______________________
NOTES_______________________

____

____

WEBSITE_______________________________

USERNAME_____________________________

PASSWORD_____________________________

NOTES_________________________________

____

____

WEBSITE_______________________________

USERNAME_____________________________

PASSWORD_____________________________

NOTES_________________________________

____

____

WEBSITE_______________________________

USERNAME_____________________________

PASSWORD_____________________________

NOTES_________________________________

____

____

WEBSITE_______________________
USERNAME_______________________
PASSWORD_______________________
NOTES_______________________

____

____

WEBSITE_______________________
USERNAME_______________________
PASSWORD_______________________
NOTES_______________________

____

____

WEBSITE_______________________
USERNAME_______________________
PASSWORD_______________________
NOTES_______________________

____

____

# V

WEBSITE_________________________
USERNAME_______________________
PASSWORD_______________________
NOTES___________________________

____

____

WEBSITE_________________________
USERNAME_______________________
PASSWORD_______________________
NOTES___________________________

____

____

WEBSITE_________________________
USERNAME_______________________
PASSWORD_______________________
NOTES___________________________

____

____

WEBSITE_______________________________________
USERNAME_____________________________________
PASSWORD_____________________________________
NOTES____

____

____

WEBSITE_______________________________________
USERNAME_____________________________________
PASSWORD_____________________________________
NOTES____

____

____

WEBSITE_______________________________________
USERNAME_____________________________________
PASSWORD_____________________________________
NOTES____

____

____

WEBSITE_______________________________
USERNAME_____________________________
PASSWORD_____________________________
NOTES_________________________________

____

____

WEBSITE_______________________________
USERNAME_____________________________
PASSWORD_____________________________
NOTES_________________________________

____

____

WEBSITE_______________________________
USERNAME_____________________________
PASSWORD_____________________________
NOTES_________________________________

____

____

WEBSITE________________________________

USERNAME________________________________

PASSWORD________________________________

NOTES________________________________

____

____

WEBSITE________________________________

USERNAME________________________________

PASSWORD________________________________

NOTES________________________________

____

____

WEBSITE________________________________

USERNAME________________________________

PASSWORD________________________________

NOTES________________________________

____

____

WEBSITE_________________________________

USERNAME_________________________________

PASSWORD_________________________________

NOTES_________________________________

____

____

WEBSITE_________________________________

USERNAME_________________________________

PASSWORD_________________________________

NOTES_________________________________

____

____

WEBSITE_________________________________

USERNAME_________________________________

PASSWORD_________________________________

NOTES_________________________________

____

____

WEBSITE________________________

USERNAME________________________

PASSWORD________________________

NOTES________________________

____

____

WEBSITE________________________

USERNAME________________________

PASSWORD________________________

NOTES________________________

____

____

WEBSITE________________________

USERNAME________________________

PASSWORD________________________

NOTES________________________

____

____

WEBSITE______________________________
USERNAME____________________________
PASSWORD_____________________________
NOTES_________________________________

____

____

WEBSITE______________________________
USERNAME____________________________
PASSWORD_____________________________
NOTES_________________________________

____

____

WEBSITE______________________________
USERNAME____________________________
PASSWORD_____________________________
NOTES_________________________________

____

____

WEBSITE____________________________________

USERNAME__________________________________

PASSWORD__________________________________

NOTES______________________________________

____

____

WEBSITE____________________________________

USERNAME__________________________________

PASSWORD__________________________________

NOTES______________________________________

____

____

WEBSITE____________________________________

USERNAME__________________________________

PASSWORD__________________________________

NOTES______________________________________

____

WEBSITE____

USERNAME____

PASSWORD____

NOTES____

____

____

WEBSITE____

USERNAME____

PASSWORD____

NOTES____

____

____

WEBSITE____

USERNAME____

PASSWORD____

NOTES____

____

WEBSITE_______________________________

USERNAME_____________________________

PASSWORD_____________________________

NOTES_________________________________

____

____

WEBSITE_______________________________

USERNAME_____________________________

PASSWORD_____________________________

NOTES_________________________________

____

____

WEBSITE_______________________________

USERNAME_____________________________

PASSWORD_____________________________

NOTES_________________________________

____

____

WEBSITE_______________________________

USERNAME_____________________________

PASSWORD_____________________________

NOTES_________________________________

____

____

WEBSITE_______________________________

USERNAME_____________________________

PASSWORD_____________________________

NOTES_________________________________

____

____

WEBSITE_______________________________

USERNAME_____________________________

PASSWORD_____________________________

NOTES_________________________________

____

____

WEBSITE_______________________
USERNAME_______________________
PASSWORD_______________________
NOTES_______________________

____

____

WEBSITE_______________________
USERNAME_______________________
PASSWORD_______________________
NOTES_______________________

____

____

WEBSITE_______________________
USERNAME_______________________
PASSWORD_______________________
NOTES_______________________

____

WEBSITE_______________________________________
USERNAME______________________________________
PASSWORD______________________________________
NOTES____

____

____

WEBSITE_______________________________________
USERNAME______________________________________
PASSWORD______________________________________
NOTES____

____

____

WEBSITE_______________________________________
USERNAME______________________________________
PASSWORD______________________________________
NOTES____

____

____

Z

WEBSITE___________________________

USERNAME___________________________

PASSWORD___________________________

NOTES___________________________

____

____

WEBSITE___________________________

USERNAME___________________________

PASSWORD___________________________

NOTES___________________________

____

____

WEBSITE___________________________

USERNAME___________________________

PASSWORD___________________________

NOTES___________________________

____

Z

WEBSITE_______________________________

USERNAME_____________________________

PASSWORD_____________________________

NOTES________________________________

____

____

WEBSITE_______________________________

USERNAME_____________________________

PASSWORD_____________________________

NOTES________________________________

____

____

WEBSITE_______________________________

USERNAME_____________________________

PASSWORD_____________________________

NOTES________________________________

____

____

Z

WEBSITE_______________________________

USERNAME_______________________________

PASSWORD_______________________________

NOTES_______________________________

____

____

WEBSITE_______________________________

USERNAME_______________________________

PASSWORD_______________________________

NOTES_______________________________

____

____

WEBSITE_______________________________

USERNAME_______________________________

PASSWORD_______________________________

NOTES_______________________________

____

____

Z

WEBSITE_______________________________
USERNAME_____________________________
PASSWORD_____________________________
NOTES_________________________________

____

____

WEBSITE_______________________________
USERNAME_____________________________
PASSWORD_____________________________
NOTES_________________________________

____

____

WEBSITE_______________________________
USERNAME_____________________________
PASSWORD_____________________________
NOTES_________________________________

____